살아 있음에

최혜령 시집

시와사람

살아 있음에

2024년 8월 20일 인쇄
2024년 8월 25일 발행

지은이 최혜령

펴낸이 강경호 편집장 강나루 디자인 정찬애
펴낸곳 도서출판 시와사람
등록 1994년 6월 10일 제 05-01-0155호
주소 광주시 동구 양림로119번길 21-1(학동)
전화 (062)224-5319 E-mail jcapoet@hanmail.net

ISBN 978-89-5665-731-8 03810

값 12,000원

이 도서의 국립중앙도서관 출판예정도서목록(CIP)은
서지정보유통지원시스템 홈페이지(http://seoji.nl.go.kr)와
국가자료종합목록 구축시스템(http://kolis-net.nl.go.kr)에서
이용하실 수 있습니다.

살아 있음에

■ 시인의 말

멀리 계신 부모님께 이 시집을 바칩니다.

2024년 여름에
최혜령

제3부 징검다리 건너

제4부 맹물 맛으로

제5부 살아 있음에

제6부 섬진강 저편

제7부 봄이라는 이름으로

제8부 매미의 하루

제9부 우거지에 된장 풀고

제10부 녹음 속에 잠기다

작품론

제1부

오미자꽃 필 무렵

오미자꽃 필 무렵

그대 안에 꽃이 있다
태양의 씨앗으로 태어나
갓 여문 암술 봉오리 가득
우주 담은 담록빛 눈동자,
혀 끝에 감도는 오행의 숨결로 다가온다

붉은 능선의 잎맥이 켜는 바람 한 자락
스친
은하수의 숲속
오작교 엮어 맨 넝쿨 마디마디
핏줄의 길 밟으며

다시 만날 때까지.

꽃샘

봄눈 녹은 논두렁길 딛고서
손톱 끝에 갓 여문 초생달의 숨결로
봄까치꽃 핀다

황금알 깨는 산수유도 뭇별의 울타리 친
마을 어귀

이끼 낀 땅을 두드리는 도랑 물소리에
물관을 여는 우슬초 뿌리도
등줄기를 타고 오르는 수액에 취해 뒤틀린
매화 가지 끝 꽃망울도

사립문 틈새로
가슴 시린 바람 휘젓고 간 자리
뜨거운 혈관이 터졌다.

까치샘

정읍천에 금붕어 떴다

별의 손가락 펼치는 돌단풍도
이슬 떨쳐 나부끼는 새벽

첫 숨결은
까치 샘 시린 이끼 우려낸 녹차 빛,
노랑턱멧새 멱감는
개울 속으로 들어갔다

안개숲 헤친 물갈퀴의 몸짓으로
능선의 심장을 뚫는 물줄기 따라
용틀임친 벼랑 끝
서래봉 휘감기는 무지개 피어나듯

복사꽃 흩날리는 강둑 저편
서해로 흘러간다.

민들레 홑씨되어

솔 그늘 아래
민들레 홑씨
갓털로 짠 그물망을 펼친다

솜털구름 맞닿은 가슴으로 날아올라
온누리 비출 불씨의 영혼 되어

바람의 닻을 내린 지평선 끝

흙의 심장을 뚫고
뿌리 깊은 넋으로 발돋움한다.

그리울 때

마음속에 연못을 담는다

싸리꽃의 흰 핏줄을 타고
조릿대 휘적신 손끝으로 두드리면

연둣빛 잎새의 현(絃)을 켜는 숲이 열린다

천년 묵은 옹이도
한(恨) 풀어 팔 뻗는 솔

수액 떨군 양수(羊水) 속
잉태된 수련은
봉우리의 달을 품는다.

등꽃

등나무 그늘 아래
봄비

어깨를 감싼 덩굴손의 감촉
호롱불 켜듯
눈뜨는 꽃망울로 하늘빛 창을 밝힌다

얽히고 설킨 둥치에서 길 뻗쳐 올라
구름의 둥지 튼 꽃무리 속

새벽 깨친 새소리에 온 숲이 나부낀다.

제비꽃

언덕빼기 풀피리 부는 아이

논두렁 수놓은 앉은뱅이꽃

물찬 제비 휘휘 도는 삼짇날에
아리랑 고갯길 넘어갈 때

움켜쥔 흙 속에 떨군
박씨 한 알.

풀꽃 품다

풀꽃에 취해
바람 속을 걷는다

맨몸으로 맞아야 할 각시붓꽃,
흙 담벼락 둘러 핀 양지꽃도
햇살 가득 품는다

샛길로 내뻗친 별꽃무리 흩뿌린 뒤
자줏빛 두건 두른 광대나물의
춤사위에 맞춰

나지막이
풀피리 소리
아리랑 고개 넘는다.

텃밭에 앉아

개망초, 지칭개, 칭칭 감은 가시덩굴
밭둑길 세운 조릿대도 쭈뼛 솟아
꽃다지, 엉겅퀴 뒤엉킨 장단에
박새 소리 절로 어우러진다

한 줄기 햇살의 베풂으로 싹튼
마음의 밭을 갈아

지장보살 풀솜대와 손잡고
살아 돌아온다는 당귀의 씨앗 모아
그대 가슴 위에 뿌린다.

달개비의 꿈

귀불에 대면 딱새 소리,
달팽이관 회도는 엇모리 장단 맞춰
오갈피 이파리도 몸부림치는 삶
이슬 맺힌
함양 들소리 울려 퍼진다

노고단 휘감긴 구름바다 속
죽음보다 깊이 가라앉는 숨결로
메아리친
이승과 저승길 사이
떠돌다

노린재 꽃무리에 끼얹는
송홧가루 한 줌.

머위에게

청미래덩굴 어수리 엉긴 숲터
들깨가루 흩뿌린 검은 흙 밟으며 걷다

가슴속 품은 별
머위꽃에 고이 담아

별 캐는 목동의 새벽 창가에 켜면

머윗대 푸른 줄기 되살아난 듯
잎의 심장도
찻잔 가득 홍건히 적신 샘.

제2부

내장산에서 보낸 한철

내장산에서 보낸 한철

찻잔을 비운 건
바람

별 뿌린 엉겅퀴의 촉수 끝으로
홑씨 날아올라
구름 속 숲이 열린다

포도 덩굴 우거진 부여마을 어귀
봉숭아 짓빻아 물들인 창,
석양 한 줌 뿌려진 호숫가에서
기다리면

홀로 타오르는 촛불보다 깊이
서래봉 잠긴
서방정토 저편

열두 굽이 생(生)의 옷자락 풀어헤친
나이테의 물결 위
달이 솟구친다.

십오야

달의 바다에 떠오른 꽃봉오리
휘영청
진주의 꽃술로 켜는 기린초 꽃불

긴 소매 접어올린 춤사위
솔숲에 걸려
고깔 씌운 별무리의 잔등 타고

산과 물이 만나 굽이치는
궁궁을을(弓弓乙乙)
능선 한 자락 홍겨워

살포시
바위틈에 내려앉는다.

아궁이 속으로

꽃술의 혀 가득찬 숲
불꽃의 동굴 속으로 들어갔다

옹이진 관솔가지
솔방울 옭아 맨 가시넝쿨
아주까리 껍질도 탁탁 튄다

불새 사라진 화산의 분화구,
불의 고리들이 통하는 굴뚝 연기 속으로
불씨의 영혼들 날아간다.

소금

한 줄기 빛을 닮은 그대에게

바다의 씨앗으로 태어나
바람에 씻긴 갯벌 한구석

투명한 수정(水晶)의 꽃대 뽑아 올린다

밀물과 썰물의 조화 속
삿갓조개, 꽃게 숨 쉬는 섬기슭에 닿아

손 끝에 여문 삶의 비늘 조각들
눈꽃의 영혼으로 부서진다.

덖음

불꽃 위에 눕다

서로 비비면
등 푸른 잎사귀 향내 난다

장단 맞춰 두드리면
솔바람 소리

구르는 듯 굽이치는 삶,
여울목 아홉 굽이 씻긴
연록빛 가슴인데

새벽의 어깨 위로 돋아난 날개깃,
찰나에서 영원으로
숲은 열린다.

따개비 연가

지구 표면에 달라붙어 숨 쉬다
달의 표피에 사는 네게
동심초(同心草) 띄운다

통영병꽃, 솜털 난 노루귀 움튼
등딱지 푸른 섬 기슭에서
일엽초 홰치는 날개 끝
일 획을 긋는 수평선까지

뼈대 세우고 돌담을 쌓는 밤
우주의 한 모퉁이
섬초롱빛 등대를 켠다.

쪽배 연가

가슴에 와 닿기까지
물의 깊이를 재는 모자반의 띠

구름 뚫는 폭포수도
푸른 물기둥이 쏟아붓는 자유의 상(相)도
지구 끝까지 넘친 물줄기의 능선 따라
굽이친다

홀로 노저어가는 쪽배에 몸을 싣고

전설 속 태양처럼 빛나는 얼음산 뒤로
한 줄기 여명 깨친 눈동자,
샛별이 떠오르기까지.

별이 되기 위해

발아된 꽃씨의 영혼들이 깨어나는
공간

은하수 풀어 헤친 달무리진 숲속에서
별이 된 돌을 위해

산다는 것,
살아있다는 것이
그대와 하나가 되기까지

우주의 동공 안에 깊이 패인
죽음의 강을 건너

씨실 날실로 엮어 짠
별자리의 띠를 감고 태어난 순간
속살 빛 태모시 단내 난다.

수평선 바라보기

시작과 끝이 같다

걸어온 길,
걸어갈 길이 하나 되어 부서지는 몸부림

평등의 선을 긋고
외줄 타는 물새떼도
우주의 베틀 안에 걸린 바다에서
미역귀를 흔드는 석양도

인생의 반나절,
근원에 닿기 위해
푸른 숲길이 펼쳐지는 섬 기슭 잇닿아

잉태된 진주알로 켜는 새벽,
개벽을 위해 창을 연다.

한 그루 소나무라면

모음 자음 엮어진 솔가지로 비녀 꽂아
솔방울 얹은 머리
뿌리에 대고 하늘을 보면

옹이진 심장에서 내뻗쳐
샛별로 떠오른 잎사귀 요동친다

늘 푸른 목숨으로 지킨 터자리,
송진이 엉겨 붙어
빠저린 흙내음에

이끼 속 부처손도
활짝 핀 구름밭이다.

거꾸로 본 불꽃놀이

불꽃 튀긴 밤의 동공 속
손끝에서 터지는 쥐불의 폭죽 소리 멀리
달의 화원이 불탄다

노랑원추리, 꽃대 올린 비비추,
돌단풍 사이 솟은 잔대도
포물선 그리는 잉걸불 되어
목이 긴 은하열차 타고 달린다

구름 감싼
별의 꽃자리에 맺힌 씨방 속 열매,
뿔 달린 혹성에서 다시 만난다.

한 바퀴 돌아

물푸레나무 꽃 휘적시면
물길 따라 흐르는 숲이 열린다

깃 푸른 나이테의 소용돌이 회돌아
수액 떨구는 옹이진 가슴 속
1, 6 水
본래의 삶이 움트는 생명수다

자연과 더불어
열두 고갯길
한 바퀴 돌다보니 구름 언저리 닿아

먹물 튀긴 먹바위솔
돌틈 사이 비낀 여백이 깊다.

구절초 필 무렵

아홉 마디 능선 감아올린
서릿발로
하루를 접는다

등 푸른 바위에 새긴 뜻을 아는
우주의 가을 녘
옥정호에서

그대 안에 잠긴
안개 속 붕어섬에 닿아
초승달의 꽃불을 켤 때

귀 기울이면
파도 속 풍경 소리.

제3부

징검다리 건너

징검다리 건너

인생의 마지막 날에
별이 쏟아지는 정읍천,
징검다리 건너갈 때다

앞선 바람의 길,
열린 가슴으로 맞으면
뒤따르는 물줄기의 소용돌이 회돌아

여기야 어여차

또 다른 삶을 위한 여정은
번개 치는 수평선 끝

바다 위를 달린다

눈, 귀, 영혼까지 씻긴 자유.

섬과 섬 사이 달리다

마른 기침 쏟아낸 소금꽃 핀 얼굴로
메밀꽃 뿌려진
포말을 부둥켜안고 울다
이따금 선보인
똥섬,
해식동굴 속으로 사라졌다

돌연
밥상을 들고 나선 할매가
버선발로 바닷길을 밟아
그물망이 펼쳐진 쥐똥섬 사이
아침상을 차리면

기지개 켠 망주봉도
하늘을 우러러
벼랑 끝 폭포수의 흰 동공을 열었다.

베풂

별빛 쪼갠 떡잎으로 태어나
샛노란 꽃술의 심지를 돋우고
붉은 볏 닮은 꽃부리 치켜들어 홰치는
새벽,
날름거리는 불의 심장을 갉아
아궁이 지핀
뜨락에서

영혼도 쉴 수 있는 둥지,
생의 한 귀퉁이 비추며 살다

한 줌 돌아갈 흙이기에
푸르른 날
하늘이 온다.

발효

뚜껑을 열면

붉은 효소의 숨결로 무르익는 계절
이제 빛을 발하는 홍채의 창이 물든다

인생의 한 단면 같은 무지갯빛으로 피어올라
그대 호흡에 맞추어 살다

마음을 키운 건 한 줌 흙,
모성의 손길로 발효된 세월을 묻고

새싹을 기다린다.

사랑했던 기억으로

빛과 어스름 깔린 공간 가득
고즈넉이 드리운 노을을 짊어진 꽃부리,
게발선인장의 붉은 화원 너머
꽃눈 맺힌 기억 속 얼굴 무심히 다가와
창을 두드린다

문득,
마음에 와 닿는 바람 소리에 취해
백만 송이 꽃등을 켜면

생과 죽음의 갈림길에 선 채
불타는 화환을 뒤집어쓴 석양이
아직
고갯마루에 걸려 있다.

게발선인장 핀 겨울나기

짙푸른 줄기 틈새로
솜털 난 새싹 눈뜨기 전
그대 이마 위로 꽃망울 터트린다.
봇물 터지듯 찬 물보라에
붉은 심장

아스라이 눈발 속 갇힌 숲에는 별 한 포기 심고
벼랑 끝 우는
야생의 목숨 담긴 터,
홀로 깨운 산울림 한 자락 휘감긴다

때로
축축한 발밑
숨죽인 듯 웅크린 뿌리의 역사를 펼치면

인생의 마지막 귀절에 찍힌
등 푸른 이끼의 쉼표

개기월식 보다가

꽃술 설렌 눈꽃 날린다
열말 닷되 여문 진주알 헤집고 잉태된 강
겨우내 흐르다
늙은 소나무에 걸렸다

내 그림자에 가린
그대 영혼,
우주의 벼랑 끝에 선 채

달무리의 끝동에 서린
산홋빛 북두칠성의 촉수 끝으로
손길 잇닿아

행성으로 둘러싸인 섬과 섬 사이
모음으로 조율된 빛의 속삭임 딤아
묵향 번진 붓끝에 실려간다

달과 지구는 한 몸.

한 편 더

햇살의 세포들이 깨어나는
대지의 저편

겨레의 흰 뿌리 얽힌 솔밭길
흙의 탯줄을 감고 첫 구절로 태어나

자유를 향해 곧추선 붓의 뼈대,
풀어헤친 먹빛 머리털 흔든다

벼루의 창을 열면

반쯤 접힌 국화 틈새로 비친
고요한 바다

노 젓는 장단 맞춰
구름 넘나드는 수평선도 화폭 사이 걸어 둔다.

석양 그리다

철새 넘나드는 서산마루,
빈 화폭 사이 걸렸다

고분 속 갇힌 불의 정령들
영겁을 회돌다간 꽃자리에서

황토벽 뚫는 불씨 떼지어
별똥으로 쏟아진 돌우물가,
이끼 틔우듯 찍힌 점 한 톨
그대 영혼 위에 뜨는 별 되어

우듬지의 뼛속 깊이 비춘 초저녁
둥지 튼 새가 돌아올 때다.

눈보라 치다

바람 뒤섞인 눈송이 쏘아올린 허공

카오스의 개벽 이래
삶일지도 모를 흰 깃털의 아우성 속
알은 또 하나의 알을 낳고 빠져나가

솔비늘 위 핥는 눈발의 몸부림,
시나위 가락에 맞춰
가슴에 와 닿을 수 있다면

죽음보다 더 깊이 묻힌
뿌리의 탯줄을 감고 내려가
지축을 딛고 선 그루터기에서
빙산의 협곡으로 둘러싸인 인천 빙하까지
폭포수로 녹아내린 순간

우주에 찍힌 꼭짓점으로 홀로 서 있다.

달무리진 바다

빛에 안겨 구름 울타리 둘러진
달의 초상

초승달에서 만삭까지
홀로 타오르다

톳의 머리털 풀어 헤친 바닷속으로 들어가
투명한 알을 낳는다

출렁이는 물결 위
달무리의 둥지 뚫고 부화된
은비늘의 물고기떼

수평선 끝 자유보다 높이 솟아오른다.

관매도 바라보기

그를 품은 건 바다였다

지구보다 높이 홰치던 번개도 사라진 즈음
하얀 귀 펄럭이는 물살을 늦추고

햇살로 갓 구운 모래알 맨발로 밟으며
혀끝에 스민 향피리 가락에 취해
돛대 세운다

해송보다 앞선 푸르름이 샘솟는 방아섬,
산홋가지 휘감는 해초 내음에 젖어
벼랑 끝 하늘다리 사이
목숨을 건 바윗돌 하나 끼여 산다

다섯 손가락 찍힌 꽁돌 떨구던 때
쥐라기의 은비늘로 퍼덕이는 해안절벽에 핀
매화,
달무리진 동굴의 벽에 월매도 한 폭 걸어둔다.

까보니 호두

동틀 무렵
은하의 협곡을 빠져나와
허물을 벗어 던지고 백발의 이슬 터는
백로(白露)에 닿아

푸른 알 깨치고
태양의 붉은 궤도 안에서 부화되기까지
태반의 핵 속에서 여문 씨젖,
남몰래 숨긴 인(仁) 속에
한 그루 우주가 살고 있다.

제4부

맹물 맛으로

맹물 맛으로

그저 담백한 여백의 맛이다

목젖 가득 퍼붓는
수소, 산소의 몸부림 속을 헤엄쳐
꽃눈이 살아 있는 세포와 세포 사이
한 꺼풀 벗겨진 표피의 진액을 빨 듯
흠뻑,
취한 숲

목련의 솜털 난 귓불이 붉어지는 입춘,
온몸을 가로지르는 강줄기로 태동하는
모태 안의 목숨 들

봄눈 녹은 땅을 딛고
떼 지어 눈뜨고 있다.

대추

말갛게 씻긴 얼굴이다

초록의 알로 태어나
가을 햇살에 무르익는
구릿빛 자화상

우주의 가을 녘
한 알의 씨앗으로 남아
알밤, 곶감 앞에 놓여 있다.

겨울 나무

나이테로 휘감긴 둥치를 딛고
앙상한 뼈대를 지축으로 벗 삼아
비스듬히 선 채
둥지 하나씩 틀어 올린 머리채로
바람의 춤을 춘다

우주 담은 우듬지의 항아리 가득
퍼붓는 눈발로 씻긴 자화상,
돌이끼 짙은
무영탑의 가슴 시린 자취를 닮아있다.

무등산 1

초원 이슬 머금은 젖줄의 샘골
무등(無等)의 품에서 태어나
너덜겅 사이 휘적시다
편백나무 숲 푸른 수액 뚫는 돌 틈 사이
도솔천(兜率天)의 샘으로 치솟는다

용추계곡 굽이치는 물줄기,
뿌리 깊은 나이테의 능선을 깨치고
순리대로 뼛속 깊이 흐르다

빛고을 시린 가슴 적신 꽃비 되어 흩뿌린다.

무등산 2

원효사 돌아들 때

무등산 안자락도
매듭 없는 섶을 열었다

토끼등 타고 너덜겅의 징검다리 건너
이끼 틔운 나무들의 뻐저린 몸부림 속
영겁의 샘에 닿아

돌탑 위 아로새긴 뜻,
자유의 숨결로 목을 축였다.

무등산 3

산죽 늘어선
옛길의 바람 속을 걷는다

동화사 터에 깃든 고요,
마음속 빈터에도
돌탑 한 층 쌓아 올린다

돌 병풍 둘러친 서석대에 맞닿은 하늘가
이승길과 저승 사이 씻긴 영혼
이끼 푸른 숨결로 떠돈다

꽃물 든 백마능선에서 마주한 천왕봉,
꽃구름 핀 그대
영겁의 사랑이어라.

무등산 4

늦재에서 바람재로 다람쥐 넘나들 즈음

바람 찬
생사의 길목에 서서
능선의 맥을 짚던 발자취 돌아본다

태우면
흙 속 뼛가루만 남아 승천할 몸인데
역사의 한 페이지를 짊어진 어깨로 버틴
고사목(枯死木)

가슴 뭉클한 연륜의 체취 남아
머리 센 솟대 끝에 품은 둥지,
석양 뚫고
딱새 한 쌍 날아든다.

무등산 5

흰 갈기 나부끼는 폭포수의 벼랑 끝에
홀로 서 있다

곧추 내리치는 물줄기로 멱 감듯
용머리 굽이치다
검은 바위 뚫고 솟구친 순간

용추의 혈맥을 타고
능선 깊이 사무친 산울림의 북소리,
태고적 심장이 뛰는 소리다

다래넝쿨 휘감긴 푸른 물결 위로
백의민족의 젖줄이 출렁대는
숲.

탈을 벗고

이제 탈을 벗고
하늘을 본다

뽀얀 얼굴의 각시, 덩실대던 초랭이,
취발이의 신명난 춤사위도 끝난 무대 뒤

땅의 맥을 짚던 사람들의
지신밟기, 열띤 발자국 소리도 사라졌다

호흡 가쁜 혈관의 물살을 늦추고
허물 벗는 조각구름 한 페이지 접어
맨몸을 신는 하루.

인간적인 맛

홀로 분출된 지구의 한 귀퉁이
돌아서면 잊혀질 한 뼘 터자리에
돌틈 사이 뿌리박은 씨 한 톨

정 깊은 방가지똥의 이름으로 태어나
손끝 닿으면
까칠한 잎사귀,
침샘 가득 고인 쌉싸름한 맛에
해묵은 세포를 깨우는 모성의 생명력 담아

샛노랗게 물들인 얼굴로
새봄을 연다.

맨발로

진달래 꽃비 적신 남파랑길 한 모퉁이
공룡 발자국 찾아
맨발로 걷는다

켜켜이 쌓아 올린 암벽 틈새로 묻힌
뼈, 지층의 책장을 펼치는
상족암 기슭에 닿아
파도치는
돌웅덩이 움푹 팬 발자취 따라간다

순간에서 영원으로
파묻히고 싹튼 화성의 씨앗들과 만나
백악기로 접어들 즈음

해식동굴 뚫는 태초의 빛이 다가와
그대 영혼 깨운다.

제5부

살아 있음에

살아 있음에

이제, 편백나무 숲으로 가자

이끼 섞인 낙엽 위로 솟아난 새싹,
초록빛 숨결 맨발로 핥으며
흙과 내 몸의 체온도 뜨겁게 맞춘다

다섯손가락 사이 퍼덕이는
새순의 푸른 지느러미로 유동하는 은어떼,
허공의 파도 속을 치달려
기공의 창으로 내뿜는
들숨 날숨의 피리 소리 듣는 날

별무리 무성한
태초의 하늘 숲은 열린다.

질경이의 꿈

밟히고 또 짓밟혀도
이 땅 위에 시린 발자취로 남아

목숨줄 움켜쥔 뿌리의 내공,
진실은 내 가슴안에 있다

움푹 패이고 갈라진 길바닥에서
실핏줄 여물어가는 잎새 키워가며
무명실로 엮은
흰 꽃무리의 촛대 올리던 시절

차전자의 이름으로 갓 태어난
씨앗 한 줌의 순례를 위해
또 하나의 길을 밝힌다.

돌탑 쌓기

돌과 돌 틈 사이로 강이 흐른다

유유히
전생에서 내생으로 이어진 징검다리
건널 즈음
지구 위에 걸터앉아
물병자리, 구름다리도 부럽지 않은 자태로
한땀 한땀 피워 올린 돌의 씨앗

북돋워가는 손길로
허공 위에 뻐대 올린 건
관음상의 호리병 속 버들가지에서
수국의 봉오리 닮은 둥근 미소까지

윤회의 바퀴를 타고
바람개비 돌아가는 언덕배기,
쓰러지지 않는 단 하나의 의지로 남아
달의 금빛 후광 둘러친다.

호흡 맞추기

지구별 돌나물 움튼 자리
마주 앉아
풋풋한 호흡에 맞춰 공기놀이 한다

오행의 숨구멍을 열어 둔 터,
우주의 뜨락에서
공중 곡예 하듯 뛰쳐 올라간 돌멩이들

이팝나무의 눈꽃 흩뿌리는 풀숲 가까이
청적황백흑(青赤黃白黑),
오색무지개를 캐는
호미 끝 물방울 뚫고 동동 구르다

황금알로 깨어나
입하의 녹음 속으로 사라졌다.

댓잎차에 적신 하루

산소 머금은 청록의 혀로 널름거리다
뼛속 깊이 댓줄기 곧추 세워
향피리 가락에 적신
넋이라도

대지의 축을 두드리는 죽순의 창 끝으로
궁상각치우(宮商角徵羽) 한 자락 틀면
오음에 걸린 뼈마디마디
숭숭 뚫린 공간,
죽녹원의 빈터에 앉아
찻잔 가득 우려낸 바람 소리 듣는다

일평생 아껴둔 여백 같은 하루가
푸른 강물 위로 흐르는
순간.

오디의 계절

들 아래채 살던 오디네
초가 지붕에 오색무지개 걸어두고

허물 벗는 검정콩의 늑골을 갈아
어둠 속으로 가라앉는 숲터에서
닳고 문드러진 맷돌 돌린다

똬리 튼 별자리 돌아가듯
홀로 선 지구축을 중심으로 윤무(輪舞),
그 붉은 덫에 걸려
풋내조차 농익은 감칠맛으로 발효된
망종(芒種), 그대 입술이 검다.

매실의 계절

지구 닮은
청옥의 눈이 커지고 있다

보리누름 지나 망종 즈음
끔벅이는 눈망울에
새날이 열리듯 맺힌 행성들의 궤도를
돌고 돌아

시퍼런 번개의 화살로 얽힌
옹두리에서
내뻬친 탯줄로 연결된 모성의 은하계,
내 안의 우주 같은 시큼함에 익어
황옥으로 물드는 눈시울, 이제
숙성의 철이다.

오행초의 하루

옥수숫대 키 큰 그림자 밟고 간
어둠 터널 속
인중이 긴 주름 깊이 팬 하지의 텃밭
가지런한 알맹이에 내뻐친
뻐드렁니 같은 쇠비름,
하룻낮 뒹구는
갯벌의 꽃게 마냥 옆길로 휘적시다

얼굴 붉힌 석류꽃 떨군 꽃자리에
조롱박 닮은
풋석류, 엿보려 치켜든 머리 위로
노란 왕관의 뽈났다.

하지 너머 텃밭에서

논둑길 못물에 비친 개망초꽃,
간밤 꿈결로 삭인 은하수의 혼돈 속
흰 물거품으로 쏟아낸 듯
환삼덩굴 엉킨 가슴 한편도 멍들다 여문
하지 너머

여우비 휘청대는 텃밭 한 귀퉁이
쌉싸름하니
용의 형 닮은 왕고들빼기,
곰삭은 토양과 버무린 오행의 숨결로
나부끼다
한시름 삭힌 인생 뜨락에서
침샘 가득 출렁대는 손맛 같은
감칠맛으로 다시 만났다.

제6부

섬진강 저편

섬진강 저편

처서 안자락에 묶어 둔 나룻배 한 척,
갓 벗겨낸 토란의 점액질로 엉긴 동틀 녘
안개 속을 거슬러
부채꼴의 물살을 늦추고
백로(白露)의 흰 머리채에 실려간다

산그림자 접었다 펼 듯 노 젓는 다섯 손가락의
끝자락,
금불초의 깃털과 뒤섞인 놀빛으로 물든
젓줄에서
실핏줄로 되살아나는 강줄기 따라
꽃등을 켜 올린 석산(石蒜)의
언덕 너머.

바다

통통배 구르는 통영의 아침 바다,
삶이 공허한 죽음보다 더 허무한 여백으로
다가와
짭조름한 굴내음 배인 바닷길로
출렁대는 안개, 수평선 끝
깔린 구름과 바다 폭이 같다
둥근 몟돌의 아가미로 내뿜는 물너울 가득
갈매기떼 싣고
조가비의 열린 창틈으로
노랑콩 간 물이 서말 닷되씩 쏟아진다

상아의 뼛가루로 세운 탑의 촉수 끝으로
새섬과 돌섬 사이
허물 벗는 골격의 능선들
그대 향한 삼백 리 길,
새로운 여정이 시작되고 있다.

은행 줍다가

은행 떨어지는 소리에
지축이 흔들린다

한껏 푸른 시절
유생(儒生)의 넋으로 살다
추분점에 이르러

질퍽한 표피에 싸인 얼굴로
동굴 속 화석이 된 부채꼴 은행잎의
화신으로 깨어나
푸른 알로 엮어 꿴 염주 속
우주

금싸라기 흩뿌린 별의 테두리에 홀로 남아
지신을 밟듯
은행까기 인형과
살풀이춤을 춘다.

상수리 한 알

한로 끝자락에 매달린 상수리 한 알

비탈진 구릉 아래
건곤감리 놓인 터자리,
혈이 담긴 목숨 가까이
거친 돌멩이와 뒤섞여 구르다
껍데기 깨진 황톳빛 알몸으로 만났다

들꽃과 달을 품은 밤,
바람의 띠를 감고 펄럭이던 몸짓도
돌아가는 생의 틈바귀에 끼인 채

참나무 그늘 아래
모여드는 사람들,
알곡을 줍듯
메마른 손길로
진실을 찾고 있다.

상강과 입동 사이 거닐다

무서리 감아올려 사립문 빗장을 열던
찬 손으로
상수리나무와 늙은 소나무 사이 기댄
무거운 어깨를 추스려
상강에서 입동으로 가는 길목
스스로 터득할 삶의 깊이를 잰다

동녘 끝
무등(無等)의 알을 품은 불덩이로 솟구쳐
끓어오르다 내뿜는 일출, 산수유의
붉은 혀끝에 닿아
떨떠름한 맛에 감도는 불꽃의
심장을 쪼아대는 오색 딱따구리의 리듬에 맞춰.

눈발이 휘날리듯

헐벗은 가지 끝에 홀로 남은
까치의 꽁지털 휘날리듯

발길 닿는 대로
소설(小雪)에서 대설(大雪)로 넘나드는 길섶,
구절초 한 뿌리 채인 백골의 눈보라 속을
치달려

지상에서 천상으로
맞닿은 가슴, 두 팔 가득 퍼덕이는
깃털의 아우성 속
허공과 눈발 사이 부딪혀 꽃눈 틔운
그대, 영혼들끼리
자유롭다.

그대 안의 우주

뭇별의 혈자리 짚어가던 동짓날 밤을
옹이진 달무리 속
아청빛 이끼 핀 조각달의 빈 가지 끝에 걸고

바람 찬 우주의 늑골 언저리,
등줄기 타고 풀리기 시작한 고치 실타래의 첫 눈발로 다가온
그대

전생에서 내생으로 이어진
연리지의 끈을 따라
파도치는 머리채의 넋을 휘감는
눈안개 속

흰 꽃술로 씻긴 숨구멍의 뿌리를 딛고
맞닿은 가슴의 온기로 남아
새로운 길을 밝힌다.

소등섬 할매의 꿈

호롱불 아래
한땀 한땀 깁던 여든의
세월, 바늘구멍 너머 열린 창틈으로 바라다보는
수평선

여명에 앞선
삶의 파동으로 부서진 은비늘의 멸치떼도
검푸른 등껍질의 물살로 비벼대는
바위섬, 벼랑 끝 소나무도
무명실로 꿴 자국이 남긴 긴 여정 뒤
파도 소리의 여백일 뿐

달 표현 닮은 굴딱지의 뻘밭에서
흙과 바람, 소금으로 버무린
짭조름한 손맛에 취해 뒹구는 사람들

강강술래 돌리는 밀물과 썰물 사이
달무리진 춤을 위해
곧추 선 바늘 끝에 핀
한줄기 영혼의 부활 같은 일출의 섬광이
잠시, 주춤거린다.

비움

삶의 여백으로 남긴 어느 하루
구름 편에 서서
헤아릴 수 없는 강물의 몸짓을 본다

그대, 빗질하듯 백발의 책장을 쓸어 넘기는
물안개의 손끝에서
천 개의 동공을 밝힌 새벽 순례자의 이름으로
태어나
황하에서 압록,
깃털구름 풀리는 낙동강 하류까지

영원보다 깊은 고요 속을
한 몸 되어 굽이치는 삶과 죽음의 볼레로,
외줄 타는 철새 떼의 호흡에 맞춰
낙조의 저편
바다로 흘러갔다.

버드나무가 서 있는 풍경

내장호 끄트머리에 발을 담그고 서면
무릎까지 출렁대는 윤슬, 옹이진
물렁뼈 사이 실핏줄의 나이테를 타고
무반주 첼로의 파장 같은
음악이 흐르고 있었다 겨우내,

시커먼 뿔의 가지를 드러낸 채
버들개지의 겨울눈을 감추고 죽던 날

임종의 순간을 지킨 유일한 벗,
까마귀의 문양을 새길 묘비명을 위해

어느 눈부신 봄날
뿌리 깊은 한 그루
나무 화석이 되었다

우듬지의 둥지에 꽃을 드높은 자유를 위해.

무궁화 핀 동산에서

소서와 대서 사이 억센 장대비 걸쳐두고
지평선 밟는 대지의 발로
동산에 이르러
나날이
새로운 꽃망울 터트린다

하늘 향해 치켜든 암술머리에
별의 단심이 찍힌
꽃부리,
백일 걸려 삼천 송이 꽃등을 켠
손길로
산그림자 접는 한로(寒露)의 물살 뒤
보폭이 긴 기러기떼 날아든다.

제7부

봄이라는 이름으로

봄이라는 이름으로

꽃샘과 꿀샘 사이 거리가 멀다

겨울눈 비벼대는 고사리손 녹여
목이 긴 대롱을 꽂고
온몸에 수액, 떨어지는
물소리로
겨우내 잠든 심장을 두드린다

숱 노란 꽃가루 흩날리듯
꽃술의 심지 티운 매화 한 떨기,
암술의 꼭지점에서 서로 만나
둥지 튼
씨방 속 우주

햇살 아래 숨긴
밑씨 한 알의 푸른 숲은 열린다.

냉이 캐다가

냉이뿌리를 감아올린 건
투명한 손금의 능선, 흙으로 돌아갈
살과 뼈가 하나 된 혈자리 가까이

쌉싸름한 향의 삶에 취해
대지의 숫구멍이 열린 건
숨가쁜 바람의 몫이다

등허리의 맥을 짚던 그대 손길로
좁쌀냉이의 꽃대 올리던 시절
보릿고개 넘나들던 맨발로 다가온
황새냉이, 살포시
깃털구름 돌린다.

뽀리뱅이와 춤을

뽀리뱅이도 빗속에 앉아 꽃대 올린다

꽃술 말아올린 호롱불로 초당 밝힌
섬돌 한 귀퉁이,
한 잎 베어 불던 풀피리 가락 흥겨워

저만치 웃자란 소리쟁이의 어깨춤도
홀로 가시밭길 걸어온 갈퀴덩굴의 미더운 몸짓도
봄비 적신
순간의 향연을 위해
청록의 숨구멍을 열어 둔 터.

청국장 띄우던 날

노란 살갗에 와닿는
햇살과 바람으로 익혀 거둔 알콩이네
텃밭 가득
메주콩들, 볏짚 속 둥지 틀어
서로 몸을 맞대고 뜨거운 체온으로 발효될
즈음

내 맘속에 묻어둔 구수함의 원천은
흙 내음 뒤섞인 온돌방의 체취 닮은 그대,
수천 년 뿌리내린
생의 그루터기에 걸쳐둔 구름 실타래 같은
효소의 진을 뽑아낸
고초균인가.

오월의 첫째 날 숲을 그리다

하늘에서 숲으로
투명한 선을 긋고 줄타는 새순의 뿔로
허공 두드려
아흔아홉 굽이 여울목 짙은 씻김과
깃털 단 영혼이 우짖는 지구별의 울림이
하나 되어
목청껏 뿜어대는 분수.

젓산균 살아있다

푸른 실타래 엮어 짠 무청은
처마 끝 흙바람 벽에 걸어두고

땅거미 깔린 안채 뒤곁,
해묵은 장독대 그림자를 끌고
땅 속 깊숙이 파묻힌 동치미
겨우내
맨몸 통째로 식힌 항이리 속
살얼음 밟고
단 하나의 의지로 살아남아
파, 마늘, 생강과 어우러진 풍류 한마당
흥겨워

그대 품 안에서 숙성된 감칠맛으로
살아간다, 또 하루.

묵은지 부부

묵은지 한 사발에 묻어나는
군내 한 입으로
곰삭은 세월의 부피를 곱씹어 본다

펼치면 텃밭 가득
포기배추 치마폭에 휩싸여
청실홍실 엮은 매듭자리 다 닳도록
버틴 목숨줄 하나

맞닿은 가슴 포개면
숙성된 시큼함으로
세포 마디마디 진액이 흐르는
둥근 항아리 속
그대와 나,
참 맛깔스러운 인연이다.

한 술 더

백옥의 햇살로 밀랍의 틀을 녹여
바다 생물의 푸릇한 숨결로 숙성시킨
바위섬에 닿아
돛에 걸려 허기진 초승달의 혀끝으로 한 술 떴다

공들여 빚은
빗살무늬토기에 오곡 맛을 담아
연둣빛 속살이 무르익는 효소의 진을 쪼갠
별빛 아래
침샘에 빠진 수수 한 톨,
목젖으로 넘어가는 고갯길에
미처 깨치지 못한 무 한 쪽도 걸렸다

단 하루를 살아도
검은 미역귀 씻긴 뜨끈한 국물에 취해
하늘 저편, 우러른다.

무지개로 짠 한 끼

온 식구 둘러앉은 상머리에
오색무지개 떴다

붉은 태양의 볼을 깨문 토마토 한 입,
땅속 기운 뽑아 올린 당근의 주황으로
흙 내음 밟던 우엉의 뼈를 추스려
들깨가루 한 줌 흩뿌린다

햇살 담은 호박고지 범벅이 된 시루 속
켜켜이 쌓아 올린 콩, 팥 어우러진
풍물 한 자락에
밭고랑의 능선 따라 휘감긴 인생길도
샛노랗게 익어 갈 무렵

찬바람이 밀어준 푸른 구름 타고
온몸을 말려 우려낸
무청 시래기,
뚝배기 속 국물이 말갛다.

제8부

매미의 하루

매미의 하루

허물을 벗는 건
고요 뒤에 찾은 부활의 날갯짓,
비움을 위한
영혼의 첫 몸짓으로
푸른 창공을 등허리에 달고 날아오르는 순간
심장에 꽂힌
현(弦)의 바늘로 기공을 올려
목청껏 두드렸다

그대 사는 녹음진 숲속
느티나무 창가에서.

장마 끝자락

파도가 울컥,
바다를 끌고 산으로 갔다
동굴에 갇혀 돌담을 쌓고 퍼낸 황톳물이
백련이 잠든
연못 속으로 쏟아진다

무릎에서 배꼽까지 차올라
벌컥,
들이킨 잔에 뗏목 한 잎 띄워 놓고

오늘은 쉼표.

상사화 필 무렵

벗어던진 전생의 허물 같은 이파리
흙으로 돌아간 뒤
휘날릴 깃털도 없이
우두커니,
꽃대 끝 홀로 핀 뜻을 묻는
길손, 바람에게

여섯 갈래 꽃부리에 안겨 이슬로 씻긴
맨얼굴,
그리움의 끝자락에 기대어
속눈썹 짙은 꽃술의 숨결로 화답한다

스치지 못한 옷자락조차
한 줌 먼지로 엉켜 부서질 그날까지.

바다가 보이는 찻집에서

바다로 둘러친 병풍을 배경으로 앉아
돌벽에 기댄 앙상한 소나무의 뼈대와
수평선을 향해 달리다 멈춘 듯
유리알로 뒹굴다 포말로 부서지는
무지갯빛 다리 사이
파도의 알을 낳는
돌머리 해변을 바라본다

모래 안의 생명이 숨쉬는 터,
뻘밭의 숨구멍이 열리자
움푹 팬 배꼽의 분화구 아래 모여들어
탯줄의 흔적을 찾듯 파헤치는 사람들

칠게는
물에 비친 구름 속으로 재빨리 숨었다.

배롱나무 꽃그늘 아래

살살 긁으니
허물 벗긴 등허리, 칭칭 감긴 실핏줄 틈새로
바람이 먼저 일어선다

원추형 꽃부리의 붉은 화환을 머리에 이고
백일 동안 불태운 단심(丹心)으로
태양을 향해 쏘아올린 작은 불꽃,
이제
부채꼴의 꽃잎을 펼쳐 나부낀다

황금의 꽃술로 수놓은 은하수의
뜨락, 무심코
자미성의 별자리 헤아리다
백골로 돌아누운 꽃그늘 아래
이슬 찬
그대 이마를 짚어본다
툭툭 불거진 뼈대 사이 여물어갈 씨방을 위해.

감자의 눈

아침 햇살 아래
종자도 되고 싹도 틔울 네 운명을 벗 삼아
눈뜰 때

씨눈은 차라리, 어둠 터널 속
한꺼풀 벗긴 태양의 눈을 닮아
지층의 목마름으로 타오르다
대지의 숨결을 핥아 김푸른 독을 푼다

뻗어도
좌우로 뻗쳐도 끝없는 길,
지평선 따라
하얗게 부서진 감자꽃, 밭이랑 사이
텅 빈 가슴 한편에 묻어두고
조각난 살갗에 박힌 의지 한 톨로 여물어간
둥근 얼굴,
담백한 눈빛으로 세상을 바라본다.

말바우 장터 가는 길

무등골 건힌 안개 한 웅큼
배롱나무 꽃부리에 걸려 머뭇대던
잠시,
옥비녀 꽂고 이슬 터는 옥잠화 뒤로
벼슬 붉은 맨드라미 홰치는 마을 어귀,
바위 찍는 말발굽 소리로 새 장을 연다

사방팔방 펼쳐진 좌판 위로 모여드는
풍물들
울퉁불퉁 참마, 즐비한 굴비떼의 행렬 끝으로
토실토실 공주 햇밤이요
마늘 까는 아낙의 손끝에서 허물 벗는 가을 햇살,
산과 바다, 들녘으로 통하는 길목 가득히
참깨 볶는 냄새다

동동 띄운 동지죽 한 사발에 묻어나는
걸쭉한 인심과
시큼한 깍두기의 손맛에 빠진 사람들
오늘도 말바우를 간다.

유서 한 장

구절초 흐드러진 백골의 능선을 끼고 돌아
질펀한 안개에 휩싸인 무등골
찻집에 앉아
오롯이 홀로 남은 황톳빛
마지막 잎새 위에 유서 한 장 적는다

무등의 품 안에 깃든
평화와 고요 속에서
대추씨만한 온기로 사위어갈 목숨조차
그저 감사라고.

호젓한 길

말바우 고개 넘나드는 호젓한 길에
마주한 감국(甘菊)이다

서릿발 씻긴 깃털을 펼쳐
하늘을 담고
초야에 묻힌 세월,
무등골 구름 벗 삼아 노닐다

돌틈 사이 숨긴 꽃술의 심장으로
한올 한올 불씨 태워
목숨을 지킨, 또 하루.

연못으로 가는 길

밀고 당기는 해금의 줄을 튕겨
주름진 물살의 보폭을 늦춘다

버들가지의 푸른 머리채에 이끌려
발길 닿는 대로 걷다
오고 감이 없는 시간의 끄트머리,
찰나에서 영원으로 멈춘 듯
동심원을 그리는 물결 위
멱감는 물오리떼의 순례길을 따른다

저만치
홀로 솟구친 연밥은
누구의 영혼을 울린 고즈넉한 시인가.

입추

대서와 처서 사이
동서남북 뻗친 길의 중앙에서
은하의 꽁지를 꿴 직녀성의 베틀과
별똥의 불쏘시개로 지핀 소행성의
아궁이 가득
불의 씨앗으로 익어 갈 석류의 절기에

북극성의 고지를 향해
돌벽을 타고 오른 능소화의 손길로
바람의 추를 흔드는 동틀 녘
이슬 터는 참매미의 목청껏 깨운
숲, 입추의 종소리를 들었다.

제9부

우거지에 된장 풀고

우거지에 된장 풀고

우거지에 된장 풀고
갓 빻은 마늘 몇 쪽, 알싸한 청고추도 띄워 놓고
아궁이 속 불씨의 촉수를 깨워
삶의 빗장을 연다

추녀 끝 시퍼렇게 걸린 새벽달의 백발 뒤로
세월을 빗질하는 노모의 손맛이 우러나

고해의 바다를 건너온 사람들,
자유의 땅을 밟은 흰옷 입은 무리도
얼큰한 국물에 취해 회포를 풀어갈 때

동트는 무등골,
산자락에 묻혀 살아온
예순 넘긴 내 입맛에도 간이 딱 맞다.

누룽지와 숭늉

바다 위에 떠 있는 거북 등딱지 같은
시커먼 가마솥이
부엌 한 귀퉁이 우직한 돌섬으로 자리 잡았다

검푸른 생의 물살을 헤치고 홀로 징검다리 건너온
아낙,
검게 탄 볼을 비벼대는 아이들과
검버섯 핀 솥뚜껑의 부뚜막을 배경으로 둘러앉아

긁어도 머리를 맞대고 박박 긁어도
부서지지 않는 숯검정의 몰골로 남아있는
누룽지 한 조각을 위해

동트는 빛줄기의 섬광 담아 퍼 올린
우물물 한 바가지
부어주자,

시린 가슴 녹여주는 그 맛,
구수한 숭늉이 되었다.

수정과에 적신 겨울

생강, 계피 우려낸 맑은 물에
예순한 번째 맞이한 겨울을 담는다

뇌리를 스친 알싸한 향이
림프샘의 물결을 타고 온몸에 퍼질 때

몇 톨의 잣이 찍는 첫발자국의 기억 속을
거닐다
햇살과 바람 속 풍화된 얼굴,
분칠한 자화상 같은 곶감 한 조각 띄운
심연에 닿아
무심코 지운 달그림자의 자취마저
한때, 소중한
인연임을 알았다.

봄동에게 햇살을

봄동이 깨어나고 있다

눈발 삼킨 겨우내,
언 땅의 가슴팍을 두드려 뿌리를 곧추고 살다
잎사귀의 실핏줄 틈새로
도랑물 풀리듯
맥박이 뛰는 소리,
잎샘이 켜는
바람 소리와 뒤섞여 굽이치다

헐벗은 배롱나무의 뾜 솟은 가지 끝 햇살 한 잎 틔운
입춘의 한나절,
텃밭 가득
날개 돋친 푸른 수액을 흔들어 기지개 켠다.

욕지도에 닻아

섬이 푸른 천황산 기슭에 닻아
내 인생의 닻을 내린다
네 가슴 속 품은 비취빛 바다에
잠길 수 있다면
일출과 일몰 사이 걸어놓은 출렁다리의
비렁길 따라
흰 수염의 포말을 내뿜는 고래강정에서
붉은 꽃송이로 물든 삼여도의 돌섬까지
그 뜻을
차마,
알고자 하리니.

해금강에 가다

바다의 문을 열고 동굴로 들어서자
하늘을 찌르는 벼랑 틈새로
천상으로 통하는 십자 문이 열려 있다

달그림자를 낚아 진주를 꿰맨 일월관암의
천년송 뚫고 뿜어올린
일출,
수억년 갈고 닦은 만물상도 홍옥을 두른
병풍을 펼친다

파도 속 눈뜨는 해골바위의 묘지 위로
날아오른 갈매기떼,
촛대바위의 돌탑 너머 사라진다.

사과를 닮다

내 몸 안에 살고 있는
반려균을 위해
한 그루의 사과나무를 심는다

앙상한 팔, 다리는 가지가 되고
언 세포를 깨워 몽우리 터진 속살 가득
수액의 강이 흐른다

도드라진 혈자리에 맺힌 청옥의 열매,
푸른 잎사귀 사이로 쏟아지는
태양의 붉은 심장에 닿아 서서히 익어갈 무렵

뿌리를 향한 모성의 손길로 어루만지는
소우주의 숲터 가득
떼지어 눈뜨는 목숨들.

봄, 빗속에서

겨우내 묻힌 뼈가 영혼을 추스려
황금알을 깨고 부화되는 소리가 들린다

씨앗을 품은 대지의 촉수 끝으로
수액을 빠는 모태 안의 숨소리,
젖줄로 흐르는 비의 리듬을 타고
나지막이 온 숲을 울릴 때.

죽음을 위해

숨죽인 세포들이 잠드는 시간,
삶과 하나가 된 죽음의 이름으로 다가와
새별오름 위로 떠오른
별의 영혼이 되어 스러져간다

지평선과 수평선을 잇는
흙, 물, 바람의 경계를 넘어 무한한 공간의 자유 속으로.

오늘이라는 하루

오늘,
오월의 창가에 걸린 햇살의 깃털을 펼쳐
갓 구운 무지개빛 심장의 열매 한 웅큼 싣고
마음껏 부풀린 푸른 돛을 띄우자

하루 온종일
포말로 부서지다 흰 속뼈를 드러낸 등대 끝
홀로 선 돌섬을 향해.

내 몸에 맞춘 그네타기

바람이 밀어주는 그네 타고
녹음진 날개 퍼덕이는 성전 안으로 들어갔다

초록 지붕 위 뚫린 창살 가득 쪼아대는
태양의 원형탑 아래
새들의 요람을 감싼 나이테의 선율이
수액을 뿜어댄다

밑동의 샘에서 싹튼 숨,
잔별이 씻긴 우듬지의 분수까지 차올라
기지개 켠 어깨 위
흰 돛을 단 내 몸 안의 우주가
서서히 열리고 있다.

제10부

녹음 속에 잠기다

녹음 속에 잠기다

진초록에 연록의 풍성함을 더한 머리채를 흔들어
고요한 네 넋을 녹음 속에 잠들게 하라
별이 깊은 밤,
내 깃 푸른 영혼이 죽음의 적막을 밟고
네 뜨락에
다가갈 수 있도록

한 줌 흩뿌린 바람 사이로
신선한 네 체취가 물씬,
풍겨 청춘의 숲을 사로잡는다.

말바우 떡집 지날 때

말바우 떡집 지날 때
쿵더쿵 방아 찧는 소리에 풍년가 가락이 뒤엉켜
흥겨움을 자아낸다
팥고물, 콩고물, 쑥향이 뒤범벅된
시루떡, 혀 끝에 쩍쩍 달라붙는 인절미가
발길을 잡는데
칠흑의 검정깨떡, 길쭉한 가래떡, 넓적한 절편 뒤로
갓 떠오른 송편의 초승달이
하늘 저편 서산마루에 걸려 내 눈길을 사로잡는다.

다시 시작하자, 천년의 사랑

배꼽아 돌아라,
우주에 박힌 태초의 씨앗으로 태어나
우직한 돌틈 사이 뿌리내린 민들레의 생장점을 깨우고
구부러진 달팽이의 근육을 움직여
우주의 어머니, 대지의 딸이 잠든 무덤가
깊이 패인 돌우물에 닿아
이끼 푸른 탯줄을 휘감고
다시 시작하자,
그대와 나 천년의 사랑을.

느티나무

느티나무 그늘 아래

붉은 가슴 타오르다 또 태워 한줌 재,
분가루 핀 그루터기에서 나온 옹이도
얽히고 설킨 한(恨) 푸는 삶이다.

휘몰아치는 태풍 속 잉태된 용목(龍目)의 숨

넋과 마음이 머무는 한 그루
나도 느티나무가 된다.

자연과 생명의 관조와 죽음에 관한 사색

- 최혜령 시집 『살아있음에』

강 경 호

(시인, 한국문인협회 평론분과 회장)

1. 들어가며

최혜령 시인의 첫 시집 『그리운 금강산』(2021)은 자연을 질료로 시를 형상화하고 있다. 자연과 우주를 통해 시인의 심상을 그린 그의 작품들은 전통적 정서를 바탕으로 자연을 새롭게 해석하였다. 이번 시집 역시 자연을 제재로 하여 상상력을 펼친 시가 대부분이다. 자연과의 교감을 시도하며 자연을 새롭게 해석하여 다양한 자연의 모습을 발견하여 시인의 정신과 하나되고자 하는 시도를 보여준다. 이러한 모습을 통해 자연과 하나되고자 하는 세계관을 오롯하게 드러낸다.

더불어 생태학적 상상력을 노래한 시편들에서는 시인 특유의 화법으로 생명성을 탐구하고 있다. 이러한 시편들에서 끊임없이 자연을 관찰하고 보다 가까이 다가가려는 친화력이 돋보인다. 그리고 이번 시집에서 특히 눈에 띄는 시적 경향은 전통음식에 대한 시인의 관심을 통해 '전통'을 새롭게 이해하려는 시선이 새롭게 다가온다. 청국장, 젖산균, 효소, 묵은지, 무청시래기, 우거지 된장국, 누룽지, 숭늉, 수정과 등 전통음식의 숙성을 성장하는 인생으로 비유하여 삶의 깊이와 넓이로 시세계를 확장하는 노력이 돋보인다.

그가 몹쓸 병마와 싸우면서 병상에서 쓴 것으로 짐작되는 삶과 죽음에 관한 사색들은 죽음 앞에 선 인간의 정신성이 어떠한가를 말해주는 듯하여 눈시울을 적시게 한다.

필자는 그의 운명 소식을 듣고 가슴이 메어왔다. 그러므로 이 글은 최혜령 시인의 영전에 바치는 헌사가 아닐 수 없다.

2. 자연을 바라보는 시선

첫 시집 『그리운 금강산』에서 자연을 바라보는 최혜령 시인은 사대부들이 자연을 바라보는 시선을 닮았다. 절벽 위의 소나무를 "묵향 깊은/ 삶의 여백"(「여백을 위해」)처럼 기품을 지닌 선비의 모습을 드러낸다. 그러면서도 현대적인 한국화의 모습으로 해석하고 있어 시인만의 새로운 시선을 보였다. 이번 시집에서도 피지배계급과 시인 자신의 모습으로의 오버랩, 우주와 함께 숨쉬는 초자연적인 모습, 영혼의 투사, 설화적 상상력 등 작품마다 현대적인 의미와 정서로 시인의 개성있는 시선으로 응시하고 있다.

마음속에 연못을 담는다

싸리꽃의 흰 핏줄을 타고
조릿대 휘적신 손끝으로 두드리면

연둣빛 잎새의 현(絃)을 켜는 숲이 열린다

천년 묵은 옹이도
한(恨) 풀어 팔 뻗는 솔

수액 떨군 양수(羊水) 속
잉태된 수련은
봉우리의 달을 품는다.

-「그리울 때」 전문

화자는 연못을 마음속에 담는다. 이때 연못은 자연으로서의 성격을 지닌 것으로 자신의 마음이 연못에 흡수됨을 뜻한다. 연못과 같은 성질을 닮고자 하는 화자의 마음이 연못에 기운다는 의미이다. 이어서 "싸리꽃의 흰 핏줄을 타고/ 조릿대 휘적신 손끝으로 두드"린다고 하는데 이 역시 싸리꽃의 핏줄을 통해 조릿대 같은 손 끝에 이입됨으로써 화자가 자연에 동화되었음을 말한다. 그러자 "연둣빛 잎새의 현(絃)을 켜는 숲이 열린다"고 한다. '잎새'를 현악기의 줄로 인식하는 화자의 태도가 신선하다. 이로인해 "숲이 열린다"고 하니, 화자의 손끝에 숲이 열린다고 말하는 시인의 상상력이 마법 같다. 빼어난 상상력은 소나무의 성처이기도 한 옹이가 "한 풀어 팔 뻗는"다고 한다. 그뿐만 아니라 수련이 "봉우리의 달을 품"음으로써 자연과 자연이 일체감을 갖는다. 자연과 인간, 자연과 자연이 서로 하나가 되는 인식 태도가 놀랍다.

「맨발로」는 공룡이 살았던 백악기의 시간을 만나는 놀라운 경험을 들려준다.

진달래 꽃비 적신 남파랑길 한 모퉁이
공룡 발자국 찾아
맨발로 걷는다

켜켜이 쌓아 올린 암벽 틈새로 묻힌
뼈, 지층의 책장을 펼치는
상족암 기슭에 닿아
파도치는
돌웅덩이 움푹 팬 발자취 따라간다

순간에서 영원으로
파묻히고 싹튼 화성의 씨앗들과 만나
백악기로 접어들 즈음

해식동굴 뚫는 태초의 빛이 다가와
그대 영혼 깨운다.

-「맨발로」 전문

'상족암'은 경남 고성군 하이면에 있으며 바닷물로 깎인 해식동굴이 있다. 화자는 이곳에서 맨발로 공룡발자국을 찾아 걷는다. 자신의 몸으로 백악기의 공룡들과 만나고자 한다. "돌웅덩이 움푹 팬 발자취"는 공룡들이 살았던 시간과 만날 수 있는 흔적으로 "순간에서 영원으로/ 파묻히고 싹튼 화석의 씨앗들과 만나"고자 한다. 공룡이 살았던 1억 년 전후의 시간은 인간의 시간으로는 헬 수 없는 영원과 같은 시간이어서 공룡들의 흔적을 통해 영원을 만나고자 하는 행위는 영원을 꿈꾸는 인간의 꿈을 느껴보고 싶은 것이다. 이곳에서 만난 '해식동굴' 또한 영원처럼 오랜 시간의 결과이므로 화자는 "해식동굴 뚫는 태초의 빛이 다가와/ 그대 영혼 깨운다"고 함으로써 영원과 같은 시간과의 조우로 도저히 다가갈 수 없는 영원을 체험하고자 한다. 그럼으로써 "그대 영혼 깨운다"고 하는 것이다.

이 작품에서 시인은 자연에 새겨진 백악기의 생명이 남긴 흔적인 '화석의 씨앗'과 오랜 시간이 만든 '해식동굴'과의 만나는 행위를 잠든 자신의 영혼을 깨우는 것이라고 한다. 그럼으로써 이 작품에서의 자연은 신성하고 영원한 불멸의 존재로 인식되고 있다.

최혜령 시인의 자연을 바라보는 시선은 「질경이의 꿈」에서 "밟히고 또 짓밟혀도/ 이 땅 위에 시린 발자취로 남아"있다며 시련을 극복하면서 살아가는 민초의 모습으로 노래하고 있다. 「매실의 결실」에서 "내 삐친 탯줄로 연결

된 모성의 은하계"라고 노래하며 '매실'을 '모성의 은하계'라고 한다. 그리고 시큼한 맛이 '숙성'시키는 힘이 되어 보다 성숙한 존재로 인식하게 하는 계절이 「매실의 계절」이라고 한다. 「연못으로 가는 길」에서 '연못'을 "찰나에서 영원으로 멈춘 듯/ 동심원을 그리는 물결"이라 하여 연못의 파문을 '영원'으로 형상화하고 있다. 자연을 보이는대로 바라보지 않고 높은 차원의 형이상학적인 정신으로 인식하는 시선이 예사롭지 않다.

3. 생명성 탐구

이번 시집에서 특히 눈에 띄는 작품 경향은 생명성 탐구의 시편들이다. 첫 시집에서는 거의 보이지 않던 생태학적 상상력이 유독 이번 시집에서 도드라진 것은 시인의 의식 변화 때문이다. 이를테면 시인의 생명에 대한 의식이 어떤 계기를 통해 싹텄거나. 생명성과 가장 밀접한 자연을 시적으로 형상화하는 과정에서 자연스럽게 생명의식이 유발되었다고 볼 수 있다. 생명성은 존재를 규명하는 기본적인 요소이다. 생명이 있음으로 해서 자연과 우주, 그리고 인간 존재에 대한 의식을 가질 수 있다.

최혜령 시인의 생명의식은 자연을 통해 드러난다. 특히 '봄'이라는 계절의 변화에 다시 생명활동하는 모습에서 발견한 생명성은 시인의 상상력을 통해 자신만의 목소리로 현현한다.

봄동이 깨어나고 있다

눈발 삼킨 겨우내,
언 땅의 가슴팍을 두드려 뿌리를 곧추고 살다
잎사귀의 실핏줄 틈새로
도랑물 풀리듯
맥박이 뛰는 소리,
잎샘이 켜는
바람 소리와 뒤섞여 굽이치다

헐벗은 배롱나무의 뿔 솟은 가지 끝 햇살 한 잎 틔운
입춘의 한나절,
텃밭 가득
날개 돋친 푸른 수액을 흔들어 기지개 켠다.

-「봄동에게 햇살을」 전문

생명의 계절이라고 하는 봄날, 날이 따스해지자 "언 땅의 가슴팍을 두드려" "잎사귀의 실핏줄 틈새로" "맥박이 뛰는 소리"가 들리고 "봄동이 깨어나고 있다"고 노래한다. 이렇듯 새싹이 새순을 피워올리는 모습을 "도랑물 풀리듯" "바람소리와 뒤섞여 굽이"친다고 한다. 때는 입춘, 아직 날씨가 쌀쌀하지만, "헐벗은 배롱나무의 뿔 솟은 가지 끝 햇살 한 잎 티운" 한나절, "텃밭 가득/ 날개 돋친 푸른 수액을 흔들어 기지개 켠다." 만물이 깨어나는 약동의 계절 봄의 환희를 매우 힘차게 노래한 이 작품은 단순하게 날이 풀려 새싹이 피어나고 있다는 가시적인 계절의 변화만을 보여주는 것이 아니다. '춘하추동'이라는 자연법칙의 순환 속 존재의 뜻을 되새겨 본다는 의미를 지닌다.

「등꽃」은 보다 생명성에 대한 구체적이고 깊은 사색을 형상화하고 있다.

등나무 그늘 아래
봄비

어깨를 감싼 덩굴손의 감촉
호롱불 켜듯
눈뜨는 꽃망울로 하늘빛 창을 밝힌다

얽히고 설킨 둥치에서 길 뻗쳐 올라
구름의 둥지 튼 꽃무리 속

새벽 깨친 새소리에 온 숲이 나부낀다.

-「등꽃」 전문

이 작품의 시간적 배경 또한 봄이다. 봄비가 내리자 "어깨를 감싼 덩굴손의 감촉/ 호롱불을 켜듯/ 눈뜨는 꽃망울로 하늘빛 창을 밝힌다"며 시인만의 감각을 선보인다. "어깨를 감싼 덩굴손의 감촉"이 특히 감각을 통해 봄을 맞는 등나무의 생태를 그려낸다. 그리고 '호롱불'을 '꽃망울'로 비유한 시각적 이미지가 더욱 등나무 꽃의 모습을 환하게 하여 이 작품의 정서를 활달하고 생기발양하게 한다. 특히 "얼키고 설킨 둥치에서 길 뻗쳐올라/ 구름의 둥지 튼 꽃무리"에 이르면 사물을 형상화하는 시인의 상상력은 현상적인 등나무의 모습을 '구름의 둥지', 등나무꽃을 비유적으로 시각화하여 매우 생명성을 강조하고 있다. 그리고 마지막 연에서 "새벽 깨친 새소리에 온 숲이 나부낀다"하여 등나무의 꽃무리와 새소리가 대비되어 환호작약하는 생명성으로 변화시켜 버린다.

앞에서 살펴본 작품들은 모두 봄날 생명의 환희를 노래하였다. 최혜령 시인의 생명시는 봄날을 시적 배경으로 한 작품들이 대부분이다. "침샘 가득 고인 쌉싸름한 맛에/ 해묵은 세포를 깨우는 모성의 생명력"(「인간적인 맛」)으로 해석한 봄의 방가지똥을 노래하였고, "목련의 솜털 난 귓불이 붉어지는 입춘"(「맹물 맛으로」)이라고 노래한 목련꽃의 자태가 봄의 정취를 돋군다. 「보리뱅이와 춤을」에서는 온갖 봄비에 웃자란 것들과 함께 춤을 추듯 생명의 계절을 환호하는 모습을 "순간의 향연을 위해/ 청록의 숨구멍을 열어"두었다고 한다. 「냉이를 캐다가」에서 어린 시절 냉이를 캐던 봄날을 추억하는 화자는 "좁쌀냉이의 꽃대 올리던 시절"을 그리워한다.

이번 시집의 시제인 「살아 있음에」는 각별하다. 시인이 타계하기 전에 시집을 편집하고 부를 나누어 작품을 배치한 시집의 제목을 「살아 있음에」라고 붙였기 때문이다. 이 작품은 '왜 시집의 제목으로 정했을까?'를 묻게 된다. 삶과 죽음이 서로 대척점에 있으면서도 삶과 죽음은 늘 등을 함께 맞대고 있기 때문이다. "흙과 내 몸의 체온도 뜨겁게 맞춘다"는 인간과 자연이 하나였고 동일성을 이루던 때이다. 그러므로 자연으로 돌아갈 것을 시인은 짐작하고 있었는가 싶은 생각이 든다. "새순의 푸른 지느러미로 유동하는 은어떼"로 의미화된 '나무 이파리' 혹은 '생명의 약동이 가장 활발한 때'. 그래서 "들숨날숨의 피리 소리 듣는 날" "별무리 무성한/ 태초의 하늘 숲은 열린다"고 한다. 가장 원시와 가까운 날 자연과 만날 수 있다는 화자의 소망이 투사되어 있다. 바로 그런 날 "살아있음"에 충만하다고 한다. 자연과의 합일이 진정한 살아있음이라는 시인의 해석을 통해 자연과 인간이 분리된 것이 아니라 인간도 자연 됨이 진정한 살아있음이라는 것이다.

4. 음식의 감각

한국 시사에서 100여 가지가 넘는 음식을 시 속에 등장시킨 시인으로는 단연 백석을 들 수 있다. 백석의 음식들은 그의 고향 평안도의 토속음식으로 향토적인 정서와 전통성을 투사하고 있다. 평안도 방언으로 버무린 작품들은 평안도만의 고유한 지역성을 잘 발효시켰다는 평가를 받고 있다.

최혜령 시인의 이번 시편에서도 수많은 음식이 등장하고 있다. 그의 작품들은 향토성과 전통의 정서보다는 음식이 갖고 있는 특성을 통해 인간의 삶을 노래하고 있다는 측면에서 최혜령 시인만의 시적 세계를 발현하고 있다.

> 노란 살갗에 와닿는
> 햇살과 바람으로 익혀 거둔 알콩이네
> 텃밭 가득
> 메주콩들, 볏짚 속 둥지 틀어
> 서로 몸을 맞대고 뜨거운 체온으로 발효될
> 즈음
>
> 내 맘속에 묻어둔 구수함의 원천은
> 흙 내음 뒤섞인 온돌방의 체취 닮은 그대,
> 수천 년 뿌리내린
> 생의 그루터기에 걸쳐둔 구름 실타래 같은
> 효소의 진을 뽑아낸
> 고초균인가.
>
> -「청국장 띄우던 날」 전문

"텃밭 가득" 콩이 자라고 있다. "햇살과 바람으로 익혀 거둔 알콩이네"는 자연이 키운 콩들로 햇살과 바람 그 자체라고 할 수 있다. "볏짚 속 둥지"에서 "서로 몸을 맞대고 뜨거운 체온으로 발효"된다. 이렇게 발효된 콩으로 만든 청국장을 먹고 살아온 화자는 "내 맘속에 묻어둔 구수함의 원천은/ 흙내음 뒤섞인 온돌방의 체취 닮은" 청국장, 즉 콩이다. 우리 민족을 인정(人情)이 많은 민족이라고 한다. 이 인정을 꾸미는 정서의 하나가 '구수함'이다. 각 지역 사람들이 구사하는 언어마다 나름대로 구수함을 지니고 있다. 화자는 구수함의 원천을 청국장이라고 한다. 우리민족에게 청국장은 "수천년 뿌리내린/ 생의 그루터기에 걸쳐둔 구름 실타래 같은/ 효소의 진을 뽑아낸/ 고초균"이라는 시인의 해석은, 햇살과 바람이라는 자연으로 만들어진 콩, 즉 청국장의 유전자를 닮았다는 인식에 도달하게 된다. 시인은 청국장 띄우던 날 햇살과 바람을 먹고 자란 콩이, 숙성하여 청국장이 되고 그 청국장을 먹음으로써 구수함을 지니게 되었다는 상상력을 통해 우리민족의 정서를 노래하고 있다.

다음의 「묵은지 부부」는 묵은지를 통해 맛깔스러운 부부의 인연을 묘파하고 있다.

묵은지 한 사발에 묻어나는
군내 한 입으로
곰삭은 세월의 부피를 곱씹어 본다

펼치면 텃밭 가득
포기배추 치마폭에 휩싸여
청실홍실 엮은 매듭자리 다 닳도록
버틴 목숨줄 하나

맞닿은 가슴 포개면
숙성된 시큼함으로

세포 마디마디 진액이 흐르는
둥근 항아리 속
그대와 나,
참 맛깔스러운 인연이다.

-「묵은지 부부」 전문

설명할 수 없는 우리만의 독특한 묵은지는 깊은 맛으로 즐겨찾는 음식이다. 주지하다시피 묵은지는 군내가 난다. 그 군내는 "곰삭은 세월의 부피"에서 우려나오는 음식맛이다. 그 묵은지를 부부는 함께 먹는가보다. 이 묵은지는 텃밭에서 자라는 배추가 재료다. 그런데 "포기 배추는" "치마폭에 휩싸여/ 청실홍실 엮은 매듭자리 다 닳도록/ 버틴 목숨"이라는 것이 시인의 해석이다. '청실홍실'은 부부의 인연을 나타내는 상징으로 혼례에 쓰는 남색과 붉은색의 명주실이다. 그러므로 부부가 되는 인연을 의미한다. 부부가 사랑을 하듯이, 또는 하나가 되듯이 "맞닿은 가슴 포개면/ 숙성된 시큼함으로/ 세포 마디마디 진액이 흐르는/ 둥근 항아리 속/ 그대와 나"는 "참 맛깔스러운 인연이다"라고 화자는 배추로 만든 묵은지를 통해 "곰삭은 세월의 부피"처럼 부부의 사랑도 숙성하여 맛깔스러운 인연이 된다고 한다. 묵은지라는 음식을 통해 부부의 깊은 사랑과 아름다운 인연을 노래하고 있다.

이밖에 시 속에 끌어들인 음식으로는 호박고지, 뚝배기, 누룽지, 숭늉, 수정과, 동치미 등이 있고, 음식의 재료인 무청, 미역귀, 토마토, 당근, 우엉, 콩, 팥, 파, 마늘, 생강이 있다. 이러한 음식을 통해 발효, 숙성 등이 암시하듯 성장한 인간의 모습과 음식 고유의 맛을 음미하는 정서를 담아내고 있다.

「젖산균 살아있다」에서는 "그대 품 안에서 숙성된 감칠맛"이라고 형상화하였고, 「한술 더」에서는 "단 하루를 살아도/ 검은 미역귀 씻긴 뜨끈한 국물에 취해/ 하늘 저편, 우러른다"라며 미역국 맛 때문에 한술 더 뜬다고 노래한다. 「무지개로 짠 한 끼」에서는 "온몸을 말려 우려낸/ 무청 시래기"를 먹는 밥상머리에 "오색무지개 떴다"고 무청 시래기를 찬하고, 「우거지에 된장 풀고」에서는 "고해의 바다를 건너온 사람들"이 얼큰한 국물에 회포를 푼다고 하여 삶에 지친 사람들에게 힘을 북돋운다고 한다. 「누룽지와 숭늉」에서는 "시린 가슴 녹여주는 그 맛"이라고 하여 시름을 달래주는 음식임을 노래하고 있다. 「수정과에 적신 겨울」에서는 "예순한 번째 맞이한 겨울"에 마시는 수정과에서 "햇살과 바람 속 풍화된 얼굴"을 발견하기도 한다.

5. 죽음에 대한 사색

올 봄에 최혜령 시인의 전화를 받았다. 자신의 시를 모두 버리라고 했다. 나는 영문을 몰라 당황했다. 그리고 그는 조만간 연락을 하겠다고 했다. 그것이 최혜령 시인의 마지막 목소리였다. 그동안 최 시인은 내게 원고를 가지고 와 보여주고 나는 원고에 첨삭을 하고 가끔 그 원고를 가지고 의견을 내놓았다. 그러다가 첫 시집을 펴냈다. 늘 우수에 젖은 표정, 다소곳한 태도, 꼭 다문 입. 매우 정숙하고 예의 바른 최 시인의 모습이었다. 어디에 사는지 궁금한 것들이 있었지만 아무 것도 묻지 않았다. 최 시인을 볼 때마다 마치 조선시대에 살았던 어느 사대부의 정숙한 부인 같다는 생각이 들었다. 그런데 내가 그의 두 번째 시집의 작품론을 막 쓰기 시작할 때 운명하였다는 소식을 들었다. 필자가 이번 시집에서 특히 주목하는 것은 그의 죽음과 관련한 시편들이 많다는 것이다. 시집을 받아보지 못하고 세상을 떠났다는 사실에 마음이 더 아팠다. 그러므로 이 글을 쓰는 내내 안타까웠다. 이 글은 그의 영전에 바치는 헌사가 되어버렸다. 죽음에 관한 시인의 의식을 들여다 볼 수 있는 글들을 통해 미처 헤아리지 못한 시인의 생각들을 짐작해 본다.

구절초 흐드러진 백골의 능선을 끼고 돌아
질펵한 안개에 휩싸인 무등골
찻집에 앉아
오롯이 홀로 남은 황톳빛
마지막 잎새 위에 유서 한 장 적는다

무등의 품 안에 깃든
평화와 고요 속에서
대추씨만한 온기로 사위어갈 목숨조차
그저 감사라고.

-「유서 한 장」 전문

최혜령 시인은 시를 통해 유서를 썼다. "질퍽한 안개에 휩싸인 무등골/ 찻집에 앉아" "마지막 잎새 위에 유서 한 장 적는다". 그의 유서는 너무나 간명했다. 구차하게 길게 쓰지 않고 "대추씨만한 온기로 사위어갈 목숨조차/ 그저 감사라고" 적었을 뿐이다. 자신에게 주어진 생명을 그저 감사할 뿐이라고 누가 유서에 남기겠는가. 아직 더 살아도 될 푸르디 푸른 목숨이거늘. 죽는 것이 원통할 뿐일텐데, 이런 그의 삶이 슬프다. 아니 아름답다. 그의 삶을 온전하게 옹호하고 싶은 마음이다. 자신을 호수에 뿌려주라는 마음이 이해가 될 것 같다. 자연으로 다시 되돌리고자 하는 그의 의식이 너무나 아름다워 슬프다. 홀로 찻집에 앉아 차를 마시며 이렇듯 간명한 유서 한 장을 남긴 시인의 영혼이 불멸할 것이라는 생각 뿐이다.

「버드나무가 서 있는 풍경」은 매우 서정적인 풍경으로 느껴질 것이다. 그러나 배경에 아름다운 죽음이 있다.

> 내장호 끄트머리에 발을 담그고 서면
> 무릎까지 출렁대는 윤슬, 옹이진
> 물렁뼈 사이 실핏줄의 나이테를 타고
> 무반주 첼로의 파장 같은
> 음악이 흐르고 있었다 겨우내,
>
> 시커먼 뿔의 가지를 드러낸 채
> 버들개지의 겨울눈을 감추고 죽던 날

임종의 순간을 지킨 유일한 벗,
까마귀의 문양을 새길 묘비명을 위해

어느 눈부신 봄날
뿌리 깊은 한 그루
나무 화석이 되었다

우듬지의 둥지에 꽃을 드높은 자유를 위해.

-「버드나무가 서 있는 풍경」 전문

화자는 "내장호 끄트머리에 발을 담그고 서" 있다. 내장호에서 화자이기도 한 시인은 "시커먼 뿔의 가지를 드러낸 채/ 버들개지"가 겨울눈을 감추고 죽던 날을 떠올린다. 버들개지의 임종을 지킬 "까마귀의 문양을 새길 묘비명을 위해" 봄날 "뿌리 깊은 한 그루/ 나무화석이 되었다". 버들개지의 죽음은 "우듬지의 둥지에 꽃을 드높은 자유를 위"한 희생이었다. 죽음으로써 새로운 생명을 낳는 위대한 희생을 노래한 이 작품은 보다 의미 있는 죽음을 생각하고 있는 시인의 죽음에 관한 건강한 의식을 보여준다.

죽음을 암시하고 있거나 죽음을 직접 노래한, 이를테면 최혜령 시인의 죽음에 관한 의식을 짐작해 볼 수 있는 작품으로는 「매미의 하루」가 있다. 탈피를 통해 매미가 옷을 벗는 일은 "부활의 날갯짓"으로 승화시키는 일이다. 「죽음을 위해」에서는 죽음이 소멸이 아니라 "삶과 하나"

가 되는 일이라고 말하며 "흙, 물, 바람의 경계를 넘어 무한한 공간의 자유 속으로" 들어간다는 인식태도를 드러낸다. 「녹음 속에 잠기다」에서는 녹음을 바라보는 시인의 의식이 깃들어 있는데, "내 깃 푸른 영혼이 죽음의 적막을 밟고" 다가갈 수 있기를 바라고 있다.